Género Fantasía

I0902567

¿? Pregunta esencial

¿Qué edificios conoces? ¿De qué están hechos?

Un nido nuevo

Vita Jiménez
ilustrado por Dan McGeehan

LECTURA COMPLEMENTARIA

—¿Dónde vamos a vivir? —dice Mamá.

—En un nido nuevo muy bonito —dice Papá.

—¡Mamá! ¡Papá! Esa casa me gusta —dice Nando.

—¡Miren esos palitos! ¡Haremos un nido muy mono! —dice Papá.

Ana hace el nido
con Mamá.

Papá y Nando buscan
más palitos.

Mamá tiene una idea.

—Toma mis listones —dice.

Papá ata los palitos.

—¿Y Nando? ¿Dónde
está? —dice Papá.

Nando trae tres pastitos.
Son para el nido.

Ana ve algo luminoso.

Lo pondrá sobre el nido.

¡Cuánta ayuda! El nido ya está listo.

¡El nido nuevo es muy bonito!

Respuesta a la lectura

Volver a contar

Vuelve a contar los sucesos de *Un nido nuevo* con tus palabras.

Personaje	Ambiente	Sucesos

Evidencia en el texto

1. ¿Quiénes son los personajes de este cuento? Personaje, ambiente, sucesos

2. ¿Dónde hacen el nido los personajes del cuento? Personaje, ambiente, sucesos

3. ¿Cómo sabes que este es un cuento de fantasía? Género

Castillos

Género No ficción

Compara los textos

Lee para aprender más sobre los castillos.

Mira este castillo. ¿Qué ves?

Hay muchos castillos diferentes.

Haz conexiones

Mira los dos textos. ¿En qué se parecen estos castillos al castillo de *Un nido nuevo*? **El texto y otros textos**

Enfoque:
Género

Fantasía Los cuentos de fantasía presentan personajes, ambientes o sucesos que no podrían existir en la vida real.

Lee y descubre Los pájaros de *Un nido nuevo* usan lentes, gorros y listones. Además hablan. Los pájaros no hablan ni usan lentes, gorros o listones.

Tu turno

Imagina que eres un pájaro. ¿Dónde te gustaría hacer tu nido? ¿Qué materiales usarías? Dibuja tu nido y escribe algunas palabras sobre tu dibujo.